JN434701

정브르

135만 구독자를 보유한 생물 크리에이터. 곤충과 파충류부터 바다생물까지 다양한 생물을 소개하는 참신한 콘텐츠를 선보이며 생물 전문 크리에이터로 큰 사랑을 받고 있답니다. 유튜브 채널에서 동물 사육, 채집, 과학 실험 등의 재미있고 유익한 영상을 소개하고 있으며, 도서와 영화를 통해 고유의 콘텐츠와 더불어 동물을 사랑하는 마음까지 대중에게 알리고 있어요.

1판 1쇄 발행 2024년 3월 29일
1판 2쇄 발행 2024년 5월 22일

발행인 | 심정섭
편집인 | 안예남
편집장 | 최영미
편집자 | 김은솔, 이선민
브랜드마케팅 담당 | 김지선
출판마케팅 담당 | 홍성현, 김호현
제작 | 정수호

발행처 | (주)서울문화사
등록일 | 1988년 2월 16일
등록번호 | 제 2-484
주소 | 서울특별시 용산구 새창로 221-19
전화 편집 | 02-799-9375 **출판마케팅** | 02-791-0708
본문 구성 | 덕윤웨이브 **디자인** | 권규빈

ISBN 979-11-6923-888-5
979-11-6438-488-4 (세트)

생생체험
자연관찰
정브르의
열대동물일기
지음 정브르
감수 샌드박스네트워크
브르와 함께 떠나는
열대 동물 탐험!
서울문화사

차례

브르의 열대 동물 탐구 노트-①

1년 365일 여름, 열대 기후

열대 기후란 가장 추운 달의 평균 기온이 18℃ 이상인 지역을 뜻해요. 기온이 아주 높고 비가 자주 내리지요. 아프리카 대륙, 중앙아메리카와 남아메리카 대륙, 카리브해의 대다수 지역이 열대 기후에 속해 있어요.

소중한 열대 우림

열대 우림은 열대 기후 지역에 있는 숲으로, 다른 지역보다 빽빽한 밀림으로 이루어져 있어요. 열대 우림은 많은 산소를 생산하고 다양한 동식물의 서식지가 되어 주는 등 다양한 자원을 제공해요. 이런 열대 우림이 파괴된다면 지구 온난화의 진행 속도가 빨라지고 수많은 동식물이 멸종 위기에 처하지요. 열대 우림을 보호하기 위해서는 더 이상의 훼손을 막고 보호 캠페인에 관심을 가지는 등의 노력이 필요해요.

다양한 열대 우림

브라질은 남아메리카에 있는 나라로, 지구의 허파라고 불리는 아마존 열대 우림의 가장 큰 면적을 가지고 있어요. 나라의 절반가량이 아마존 열대 우림이며, 카피바라, 검정카이만 등의 다양한 생물이 서식하고 있어요.

브라질

뉴칼레도니아섬

뉴칼레도니아섬은 프랑스에 속한 섬으로, 오스트레일리아의 동쪽에 있어요.
뉴칼레도니아섬에서만 서식하는 희귀한 생물이 많은데, 특히 다양한 종의 도마뱀붙이가 살고 있어 많은 탐험가가 도마뱀붙이를 찾기 위해 뉴칼레도니아섬을 방문하기도 해요.

베트남은 인도차이나반도 동부에 있는 나라로, 북부는 사계절이 있는 몬순 기후, 남부는 우기와 건기가 있는 열대 몬순 기후예요.
전체적으로 후덥지근한 편이며, 아시아코끼리, 물소 등 다양한 생물이 서식하고 있어요.

베트남

자연을 품은 아마존~.

안녕, 브린이들! 오늘은 엄청나게 큰 물고기를 잡으러 갈 거예요.

뱀파이어피시라고 불리는 카쇼로인데, 아마존 전체에 분포하고 약 일곱 종이 있습니다.

그중에서 가장 큰 아마투스라는 뱀파이어피시를 잡아 볼 겁니다.

브르 반가워~.

오! 여러분 청금강앵무예요.

뱀파이어피시는
턱과 얼굴의 대부분이
다 뼈로 되어
있어서
낚아채도
바늘이 잘
안 박힐 수가
있어요.
전 세계에 사는
10%의 생물이
아마존에 있을 정도로
굉장히 다양한 생물이
있대요.
뱀파이어피시가
활발한 시기는
3~4월입니다.
그 시기에는
많이 잡으면
하루에 60마리
이상을 잡는다고
해요.
텔레스피레스강
근처 댐까지 왔어요.
여기서 트롤링을
할 거예요.
어떤 생물을 잡을 수 있을까?
트롤링이란
미끼를 낚싯대에 달고
배로 바다 위를
달리면서 낚시하는
방법이에요.
미끼가
살아 움직이는
것처럼 보이게 해서
큰 물고기를 잡는
낚시 방식이지요.
우선
뱀파이어피시의
개체 수를 확인하기
위해서 트롤링을
해 본다고 합니다.

어, 어!
파닥
파닥
무언가 잡혔어요!
뾰족
와, 무시무시한 이빨 좀 보세요.
보통 콜롬비아에서는 기포가 많이 생기는 언덕 같은 곳에서 뱀파이어피시를 많이 잡더라고요.
여기는 잔잔한 강이지만 이렇게 트롤링으로 잡고 있습니다.
뼈가 단단해서 바늘이 잘 안 박히네요.
크다!
첨벙
첨벙
엄청 거대한 뱀파이어피시입니다.
짜
잔

이 친구는
아마투스라는
뱀파이어피시입니다.
약 1m 20cm까지
커진다고 합니다.
제가 잡은 건
약 70cm 정도
돼요.
묵 직

기다란
아래 송곳니가
뱀파이어피시의
특징이에요.
윗부분을
보면 입술에 아래
이빨이 들어갈 수
있는 구멍이
있습니다.

뱀파이어피시는
날카롭고
긴 이빨이
사냥 도구예요.
물고기를
아래 이빨에 끼고
흔들어 절단해서
먹습니다.
어때,
멋있지?
어마어마한 뱀파이어피시의 이빨!

이 친구한테 아감벌레라고 하는 아가미 기생충이 붙어 있네요.
들켰다!
아감벌레
아감벌레는 갈고리 형태의 앞다리를 사용해 주로 물고기나 갑각류의 아가미에 붙어서 기생해요.
꿈틀
꿈틀
이건 암컷이고 수컷은 크기가 더 작습니다.
배에 알이 가득 찼네요.
빵빵
끈적~
뱀파이어피시를 한 번 잡았더니 진액이 이렇게 묻었습니다.
가짜 미끼가 아닌 살아 있는 물고기로도 낚시해 볼까요?
저리 가!
미끄러워서 잡기가 쉽지 않은 물고기예요.
과연, 살아 있는 미끼로 뱀파이어피시를 잡을 수 있을까요?

우아!

좌악

바로 미끼를 물었어요!

아주 무시무시한 이빨을 가지고 있으니 조심해야 해요.

뱀파이어피시는 등이 검은색인데, 물의 색깔도 검은빛을 띠어서

물 위에 있는 포식자가 봤을 때는 잘 보이지 않아요.

물의 빛깔과 비슷한 검은색 등.

*보호색: 자신의 몸을 보호하기 위해 주위와 비슷하게 된 몸의 색깔.

반짝 반짝
뱀파이어피시의 몸이 은빛으로 찬란하게 빛나고 있어요.
물 색깔 때문에 저렇게 황금빛으로 보이기도 하네요.
와, 멋진 황금빛이네.
피라루쿠
남미에는 거대한 크기로 유명한 물고기들이 있어요.
피라루쿠, 피콕배스, 그리고 뱀파이어피시도 그중 하나예요.
피콕배스
캣피시다! 맨손으로 잡을 수 있을 것 같은데?!
헤엄치는 캣피시.
좌앗
우아!
브르, 맨손으로 잡기 성공!

*안테나: 절지동물 머리 부분에 있는 감각 기관으로, 천적 또는 먹이를 찾는 역할을 함.

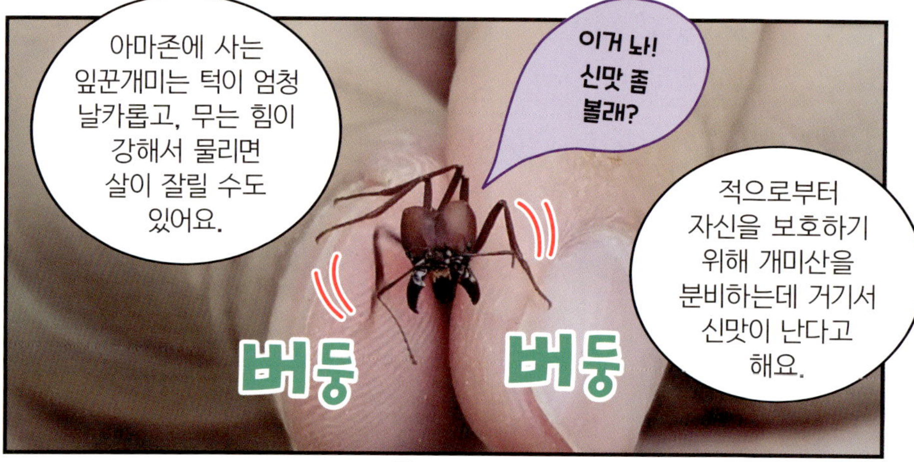

※개미산이 피부에 닿으면 따갑고 가려우니
여러분은 따라 하지 마세요!

피콕배스는 약 스무 종이 있는데, 색깔부터 모양, 크기가 조금씩 다릅니다.

우리나라에도 배스가 서식하지만 오늘은 다른 종류의 배스를 잡아 보려고 해요.

115

피콕배스를 잡으러 가는 길.

*유목: 어린나무.

어?!

첨벙 첨벙

순식간에 피콕배스를 잡았습니다!

브르, 안녕…?

버둥 버둥

혹이 보이시나요? *산란기가 되면 수컷은 머리에 혹이 나서 암수의 구분이 쉬워져요.

나는 수컷이야.

 *산란기: 알을 낳는 시기.

잡혔다!
촤
앗

아마존
피라냐입니다!
나 멋있지?
짜안
엄청난 크기의 피라냐!

피라냐는
원주민 언어로 '이빨이
있는 물고기'라고 해요.
이름처럼 이빨이
무시무시하네요.
여기에
무언가를 넣으면
다 잘릴 것
같아요.
뾰
족

물 색깔이
초록색이에요.
푸른 자연이 그대로
물 위에 비치고
있네요~.

물 위에
떠 있는 물체
보이시나요?
브라질에서는
콩이 엄청나게 많이
수확될 뿐 아니라,
콩을 좋아하는 초식
*어종도 많대요.
저기에
콩을 매달아 놓으면
초식 어종이 몰려요. 그러면
자연스럽게 초식 어종을
잡아먹으려고 육식
어종도 몰리겠죠?
아주 신기한
낚시 방식이에요.

첨벙
피콕배스다!
첨벙
힘이 정말
셉니다.
잡히다니~.

*어종: 물고기의 종류.

멜라니에라는
피콕배스인데,
역시 몸에 점이
있어요.
황금빛이
굉장히 멋지죠?
이 친구는 크기가
큰 편은 아니에요.
내가 좀
멋져!

우리나라 배스는
검정우럭과이고,
멜라니에는
시클리드과예요.
과는 다르지만,
두 어종의 행동이
매우 비슷하다고
해요.

놓아주지
않을래?
너 좀 귀엽다?
자, 방생해
주겠습니다.
고마워~.

낚시를
마치고 가다가
멋진 친구를
발견했어요!
남미에 사는
코끼리장수풍뎅이
종류인데, 메가소마
렉스라고 최근에 발견된
신종이에요.
아마존에 온 걸
환영해!
매미
매앰
매앰~.
아마존에 사는
다양한 친구들을
만났어요!
나
귀엽지?
물자라
잠깐
지나간다!
샤샤샥
지네
남방장수풍뎅이
즐거운
시간 보내~.

정브르의 생물 탐구

물의 상태가 좋지 않거나 수조가 작으면 열대어가 스트레스를 받아요. 열대어를 건강하게 키우기 위해서는 스트레스를 관리해 주는 것이 중요해요.

영상으로 확인해 봐요!

정브르의 생물 탐구

생물 이름: 청소물고기

주로 남미에 서식하는 청소물고기는 이름처럼 이끼나 사료 찌꺼기 등을 먹어서 물속을 청소해요. 아직 이름이 붙여지지 않았거나 발견되지 않은 종 등 다양한 종이 있지요.

정브르의 생물 탐구

생물 이름: 구피

송사릿과의 구피는 대표적인 열대어 중 하나예요. 몸은 가늘고 길며, 몸길이는 암컷이 약 6cm, 수컷이 약 3cm예요. 암컷에 비해 수컷의 몸 색깔이 더 화려하지요.

영상으로 확인해 봐요!

브르의 숨은 그림 찾기
꼭꼭 숨어 있는 그림 5개를 찾아보세요.

숨은 그림 5개
체리 장미꽃 모자 마이크 지갑

2화

대왕 울프피시 '아이마라'를 만나다!

울프피시 서식처에 도착했어요.

이제 미끼를 던져 볼게요~.

미끼를 바로
낚아챘습니다!
울프피시의
일종인
물고기입니다.
낚였다!
이빨이
날카로운 게
특징이래요.
한번 물면
마구 흔들어서
살이 찢길 수 있으니
조심해야 해요.
해가
진 뒤에 오면
물고기 종류가
더 많대요.
청금강앵무
낚시
재밌어?
빼꼼
여기 물고기
걸렸다!
덥석
손으로
잡았어요!
짜잔
역시 채집 왕 브르!

수심이 낮은
늪지대에서 잡은
울프피시입니다.
여기서
약 10cm~20cm 정도
더 커질 거예요.
손에
잡히다니~.
엄청난
이빨을 가진
친구죠.
우아!
띠아오란
물고기 중에서
플라밍고라는
친구예요.
이곳에
살고 있구나~.
줄무늬가
정말 멋지죠?
나는
처음 보지?

스윽
또
잡았어요!
넌 누구니?
틸라피아라는
물고기예요.
다음 낚시 때 미끼로
사용하면 좋을 것
같아요!
큼직
이번에는 카약을
타고 아마존강으로
나가서 더 큰 친구를
잡아 볼게요.
카약
열심히 노를 젓는 브르.
아까 잡은
틸라피아를
조각내 왔어요.
낚싯바늘에
꽂을게요.
미끼
이걸 던져서
낚시를
해 볼게요!
대롱
대롱

어떤 생물을 잡을 수 있을까요?
우아, 아이마라! 저분들이 아이마라를 잡았어요!
촤악
몬스터 피시 아이마라! 정말 크네요~. 80cm 정도 되는 것 같아요.
무시무시하지?
굉장히 사납고 이빨도 날카롭습니다.
거 대
우아, 묵직하네요!
몸통은 우리나라 잉어랑 비슷해요.
아가미 옆에 검은 점이 주된 특징이에요.

아이마라 아가미에 손을 넣었다가 베였어요.
그래도 구경할 수 있어서 너무 행복합니다!
희귀 물고기 아이마라!
오! 특이한 물고기를 발견했어요.
주둥이가 주걱을 닮은 물고기예요!
이 친구는 등지느러미가 굉장히 날카로우니 조심해야 해요.
뾰
족
정말 독특하게 생겼죠~?
아이마라를 실제로 보니, 살아 있는 화석인 실러캔스를 닮았더라고요.
비록 아이마라를 직접 잡진 못 했지만
아마존강에서 카약을 타고 낚시를 해 볼 수 있어서 정말 즐거웠습니다!
실러캔스

리얼 아마존
생물 탐험

오늘은 마나우스에 왔습니다!

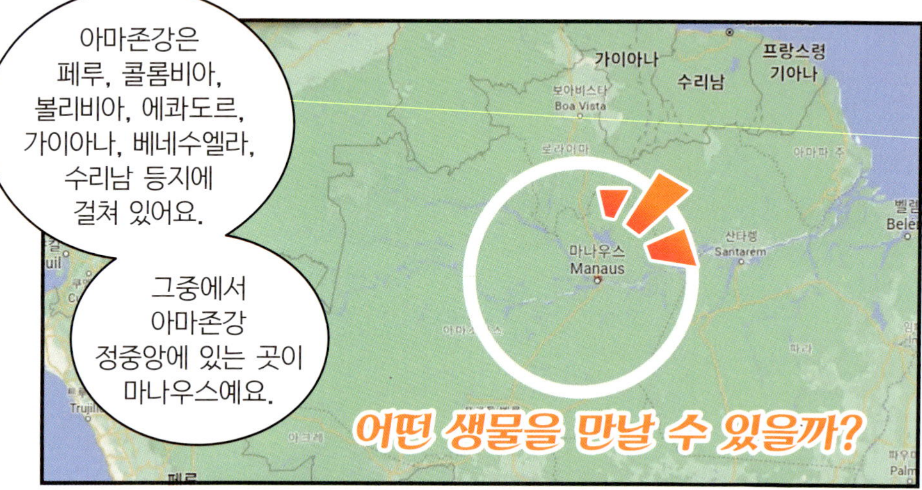
아마존강은 페루, 콜롬비아, 볼리비아, 에콰도르, 가이아나, 베네수엘라, 수리남 등지에 걸쳐 있어요.
그중에서 아마존강 정중앙에 있는 곳이 마나우스예요.
가이아나
수리남
프랑스령 기아나
보아비스타
Boa Vista
마나우스
Manaus
산타렝
Santarem
어떤 생물을 만날 수 있을까?

여기서부터는 보호 구역이라 허가를 받아야만 들어갈 수 있는 곳이에요.
저희는 미리 허가를 받았습니다.
자, 그럼 생물을 만나러 갈까요?
두근 두근

이곳에서
*등화 채집을
할 거예요.
등화 채집 준비!
지금은 건기인데,
건기에는 곤충이
많이 없어서
걱정되지만
한편으로는
새로운 생물을
만날 생각에
기대되네요.

아직
채집하기 전인데
거대 메뚜기를
발견했어요.
날개가
엄청 커요. 역시,
아마존답네요!
거대

등허리는
이렇게
생겼어요.
반가워.
뒷다리 가시가 엄청 뾰쪽해요.

*등화: 등에 켠 불.

본격
등화 채집 시작!
어떤 친구들이
놀러 올까요?
하얀 천에 잔뜩 붙은 곤충!
뒷다리가
독특하게 생긴
노린재와 나방 등
곤충이 많이 왔어요.
정말 멋있네요.
내가 좀
멋져!
나랑
놀자.
여기
아늑하네~.
다양한 친구들이
놀러 왔어요~!
반가워!
아마존에 온 걸
환영해.

건기라서 생물이 많이 없을 수도 있어요.

아마존이라 특이하고 울창한 나무가 많네요!

브르, 안녕~.

우아! 정말 작은 개구리가 반겨 주네요.

건들면 다친다?

덜덜

무서우니까 안 잡을게요.

독화살 개구리를
발견했습니다.
개굴 개굴!
앙
증
이 친구는
배가 굉장히
투명하네요.
귀엽지만
독이 있을 수
있어서 조심해야
해요.
투
명
아마존
바퀴벌레예요.
독특하게
생겼네요.
안녕!
개미 중에서
큰 편에 속하는
총알개미예요!
어때,
정말 크지?
우아~.
애벌레인 줄
알았는데
매미였어요!
매앰매앰.
매우 화려한
타란툴라도
있네요.
내가 좀
예뻐!

굴속에
숨어 있는 또 다른
타란툴라를
찾았습니다.

풀을 흔들어서
먹이인 척
유인해 볼게요.

휙

휙

먹이다!

우아!

촤아악

순식간에 나왔어요!

아마존의
부엉이나비입니다.
날개가 꼭
부엉이 눈같이
생겼죠?

ZZZ

쿠울
쿠울.

가까이서 보니까 무섭다….

브린이를 위한 상식

부엉이나비는 아마존강 주변에 분포하는 대표적인 대형 나비예요. 주로 바나나류의 잎을 먹고 살아가요. 뒷날개에 있는 눈 모양의 무늬가 부엉이를 닮았다고 하여 부엉이 나비라고 불리지요.

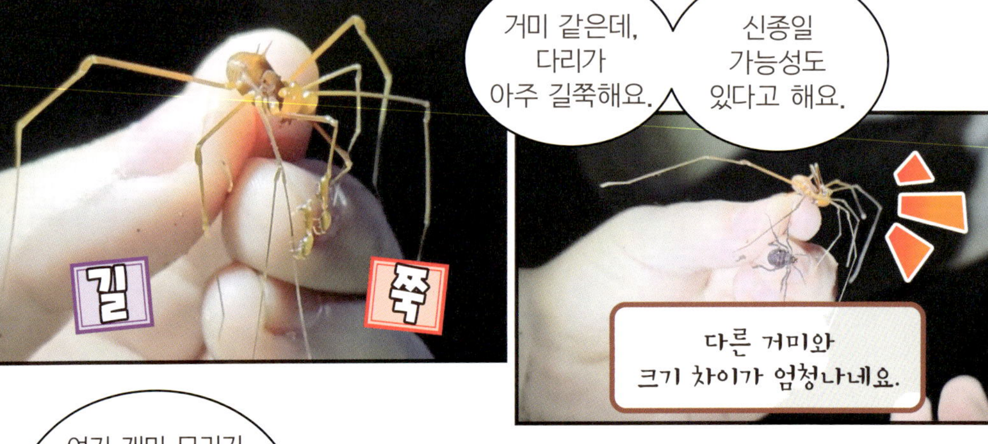

여기 개미 무리가
보이시나요? 원주민은
이 친구를 몸에 발라서
모기랑 벌레를
쫓는대요.

바글

바글

페이퍼앤트라고
불린다는
개미인데요.

손에
문질러서 냄새를
맡으면….

문질

문질

*수서 곤충: 물속에 사는 곤충.

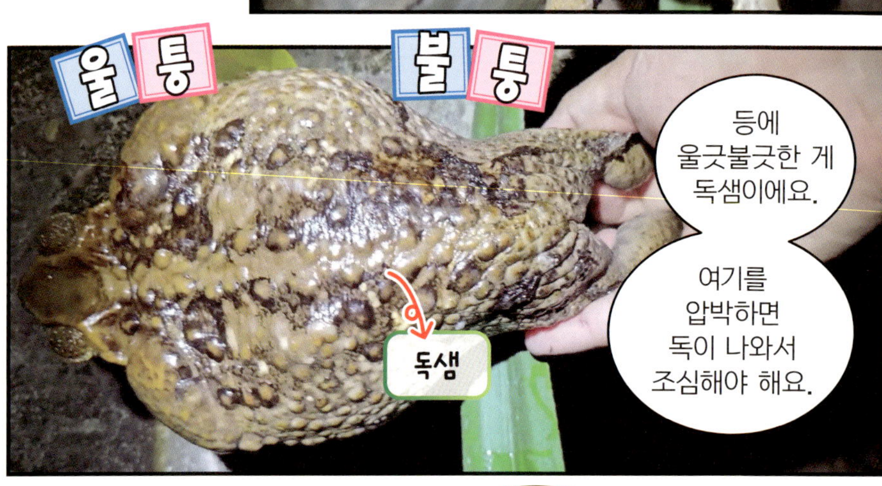

브린이를 위한 상식

두꺼비의 등에 있는 샘에서는 끈끈한 독액이 분비돼요. 생명에 위협이 되지 않을 만큼 약한 독을 가진 두꺼비도 있지만, 사망에 이를 만큼 강한 맹독을 가진 두꺼비도 있어요.

오오
흰개미 집이다!
아마존에서 흰개미는 소화제로 쓰인다고 합니다.
유리 개구리다!
나 기다렸어?
두
둥
와~! 제가 잡아 볼게요.
덥석
생각보다 크기가 커서 놀랐습니다.
너무 예쁘죠?

브린이를 위한 상식

유리개구리는 내장이 그대로 보일 만큼 투명한 몸을 가지고 있어요. 간 속에 적혈구를 숨겨서 투명한 상태를 유지하는 특이한 생물로, 적으로부터 자신을 보호하기 위한 위장술로 사용하지요.

이곳은 낙엽과
잔뿌리가 많고

넓은 이파리를
가진 식물이 있어서,
유리개구리가 산란하고
쉴 수 있는 최고의
환경이에요.

세팅된 사육장보다 훨씬 좋은 자연환경.

진드기가 붙어 있네.

내가
떼어 줄게.

브르,
고마워~.

두꺼비한테
붙어 있던
진드기예요.

엄청 간지러웠겠다.

책에서만 보던
희귀한
장수풍뎅이에요!
신기하다!

내가 좀
귀해~.

이 친구는
마나우스에서
유명한 여치예요.
크기는 별로 안 크지만
아주 멋있네요.
편안한 밤
되세요!
방금 구조된
새끼 박쥐예요.
엄마
어디 있어!
마치 모자를
쓰고 있는 것
같아요.
스펀지
이유식
냠냠
건강해져서 하루 빨리
집으로 돌아가길~.
스펀지에
이유식을 흡수시키고,
스스로 빨아 먹도록
유도하면서
밥을 먹인대요.
고마워요!

정브르의 생물 탐구

지구상에는 투명한 몸을 가진 신비한 생물이 있어요.
그중에서 대표적인 생물로는 유리개구리와 유리날개나비가 있어요.

★정브르의 생물 탐구★

생물 이름: 유리개구리

유리개구리는 투명한 몸을 가진 개구리예요. 포식자에게서 자신을 보호하기 위해 적혈구를 간에 모아 몸을 투명하게 만들 수 있지요. 가만히 휴식할 땐 혈관 속 혈액까지 투명해지는 특징이 있어요.

- 크기: 약 2~3cm
- 먹이: 작은 곤충
- 사는 곳: 습한 열대 우림

★유리처럼 투명한 생물★

유리개구리처럼 투명한 몸을 가진 열대 동물에는 유리날개나비가 있어요. 유리날개나비는 날개에 약간의 테두리가 있고, 나머지 부분은 유리처럼 투명해요.

유리날개나비의 날개가 투명한 것은 털처럼 생긴 비늘이 빛을 모두 투과하기 때문이에요. 투명한 날개는 포식자의 눈에 쉽게 보이지 않아 몸을 숨기기에 유리해요.

3화
아마존의 멸종 위기종
보호소를 방문하다!

오늘은
아마존의 야생 동물
보호소에
왔습니다!
다양하고
신비한 생물이
있다고 하는데 한번
들어가 볼까요~?

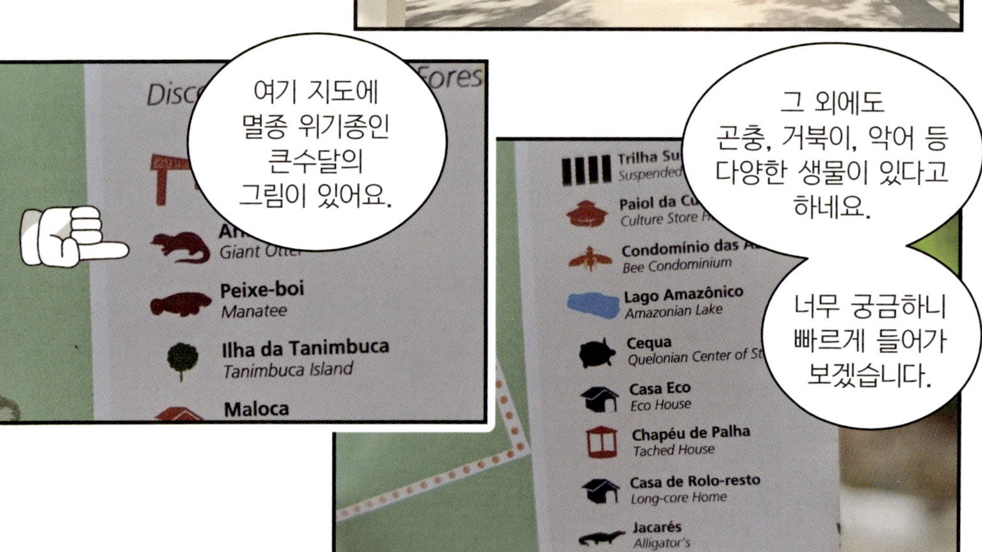
여기 지도에
멸종 위기종인
큰수달의
그림이 있어요.
Giant Otter
Peixe-boi
Manatee
Ilha da Tanimbuca
Tanimbuca Island
Maloca
그 외에도
곤충, 거북이, 악어 등
다양한 생물이 있다고
하네요.
너무 궁금하니
빠르게 들어가
보겠습니다.
Paiol da Cu
Condomínio das A
Bee Condominium
Lago Amazônico
Amazonian Lake
Cequa
Casa Eco
Eco House
Chapéu de Palha
Tached House
Casa de Rolo-resto
Long-core Home
Jacarés
Alligator's

브린이를 위한 상식

큰수달은 남아메리카에 서식하는 수달 중 하나로, 족제빗과 중에서 가장 긴 몸을 가지고 있어요. 몸길이는 최대 1.5~2m이고, 몸무게는 약 30kg이에요.

물속에 있어서 잘 안 보이네요.

물 위에 떠 있는 건 호박과 당근으로 매너티의 먹이입니다.

호박과 당근

매너티는 주로 느리게 흐르는 얕은 강에 사는 초식 동물이에요. 지금은 국제 멸종 위기종으로 개체 수가 감소하고 있어요.

비슷하게 생긴 동물로는 듀공이 있어요.

브린이를 위한 상식

'인어'라고도 불리는 매너티는 최대 1,600kg까지 커지는 거대한 수생 동물로 방귀를 이용해서 부력을 조절해요. 위로 올라가기 위해서는 방귀를 잔뜩 모으고, 아래로 내려가기 위해서는 방귀를 뀌지요.

흐릿하지만
매너티의 하얀 배가
보입니다.

한 번만
나와 주라~.

옛날에는 매너티가
새끼를 안고 먹이를
먹이는 모습이 사람과
비슷해서 인어라고
생각했대요.

매너티는
꼬리를 치면서
앞으로
헤엄쳐요.

자세히 보면
꼬리가 굉장히
얇고
넓적하네요.

이 친구는
순한 동물이라서
사람을 공격하는
일은 거의 없다고
합니다.

TUCANO
안내판을 보면 토코투칸 종류와 나무늘보, 원숭이, 큰수달이 있다고 적혀 있어요.

오! 테일리스휩 스콜피온도 살고 있네요.
테일리스휩 스콜피온은 제가 직접 잡아 봤었죠.
아주 멋있는 친구예요.

여기 물가에는 어떤 생물이 살까요?
전기뱀장어다!
크기가 크진 않지만 저 정도만 되어도 사람이 감전될 수 있으니, 조심해야 합니다.

숨어 있는 전기뱀장어.

아마존 지역
전체에 사는
노랑점거북이가
쉬고 있어요.
아이~
편하다.
노랑점거북

저기 보이시나요?
원숭이가 나무를
타고 있어요!
정말 자연
그대로네요.
브르 안녕!

알록달록한
문양이 멋있는
이곳은 원주민의
전통 집이에요.
지역마다
족장님의 성향에 따라
문양이나 집 구조가
바뀐다고 해요.

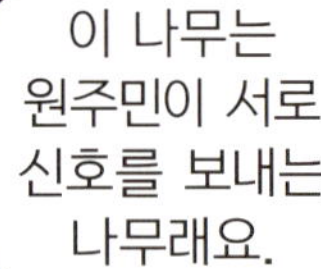

브린이를 위한 상식

주로 '걸어 다니는 나무', '걷는 야자' 등의 별명으로 불리는 '소크라테아 엑소르히자'라는 식물이에요. 햇빛을 얻기 위해 이동할 방향으로 새로운 뿌리를 뻗고 원래 있던 뿌리는 죽이는데, 이 모습이 마치 사람이 걷는 것과 비슷하게 보인다고 해요.

10년 뒤에는
이 나무가
다른 곳에 있을
수도 있어요.
정말 신기하죠~?
아까는 자세히
보이지 않았던
노란점거북이 다시
나타났어요!
산책 중이야~.
거북의
등딱지에 노란 점이
또렷하게
보입니다.
악어다!
한 2m는
되는 것 같아요.
검정카이만으로
추정됩니다.
포스
큰수달이 이 거대한
검정카이만을
사냥하기도 한대요.
여러분은
이 사실이
믿어지시나요?
안
잡아먹지~.

여기는 잠자리,
하루살이 등
수서 곤충이 많은
곳인가 봐요.
수서 곤충이 살기 좋은 환경.
이건
벌집이에요!
INPA
GPA
아마존
꿀벌이다!
우리나라 토종벌이랑
완전 다르게
생겼어요.
브르
환영해~!
띄엄띄엄 벌집이 많이 있어요.

여기는
다양한 생물의
자료가 전시되어
있는 곳이에요.
아마존강돌고래!
몸 색깔이
분홍색이네요.
아주 귀엽죠?
나무늘보
뱀
꿀벌
꿀벌의 여왕은
난소가 발달되어
있어서 배가
아주 크네요.
빵 빵
흰개미
흰개미도
난소가 발달된
대표적인
곤충입니다.

여왕개미는
자리를 잘 잡고
영양분을 많이
받으면

저렇게
난소가 발달되어서
번식을 많이
해요.

우아~.
아마존에 사는
나비를 여기에
전시해 두었네요.

새파란 날개를
가진 모르포나비가
제일 눈에 띄네요.
정말 예뻐요.

나비 종류도
정말 다양하죠?

각양각색의 나비들.

제가
제일 좋아하는
헤라클레스
장수풍뎅이도
있고,
넵튠
장수풍뎅이도
있어요.

전 세계에서
가장 큰
나뭇잎인 것
같아요.
A MAIOR FOLHA DE DICO
REGISTRADA PARA A AM
INPA
COCOLOBA SPP NOV. (POLYGONACEAE)

도마뱀과 뱀 등
많은 생물의
그림이 있는데,
진짜 살아 있는 것
같아요.

개구리
사진도 다양해요.
볼 것이
참 많네요!

거대

큰머리
아마존강거북이에요.

주로, 비교적
깊은 강이나 연못에서
서식하며 수풀이 많은
곳을 좋아한다고
해요.

거대한 거북의 동상.

악어 이빨이 나란히 전시되어 있어요.

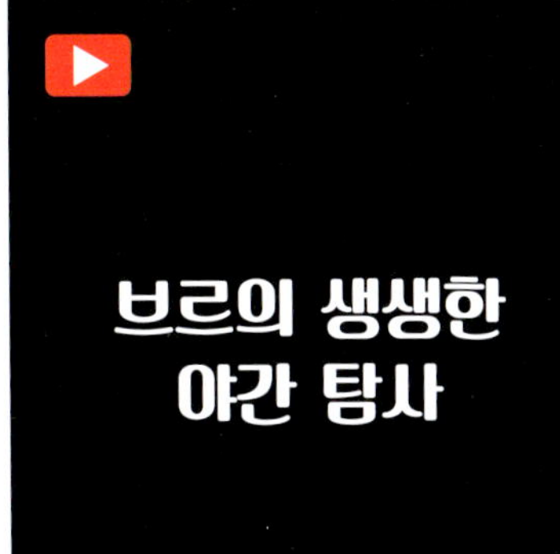

아마존 메뚜기인데 우리나라 벼메뚜기랑 비슷하네요.

메뚝 메뚝~.

벼메뚜기

사마귀붙이예요.

즐거운 밤이에요~.

우리나라에도 사마귀붙이가 있는데 이렇게 생겼습니다.

사마귀붙이

벽에 붙어 있는
개구리를
잡았습니다.

한 번에 채집 성공!

종류는
잘 모르겠지만
귀엽네요.

배가
불투명한 거 보니
유리개구리는
아니에요.

불룩

브린이를 위한 상식

잎꾼개미는 자기 몸보다 훨씬 큰 나뭇잎도 거뜬히 들 수 있어요. 그렇게 가져온 잎을 양분으로 삼아서 버섯을 재배하고, 직접 기른 버섯을 식량으로 사용하지요.

흰개미다!
바글
바글

개미들이
화가 났는지
소리를 마구
내고 있어요.
개미가 머리를
흔들면서 밟고 있는
나무가 진동되어
나는 소리예요.
씩
씩
저리 가!

크기가
엄청 큽니다!
무리를
지켜야 해!
적이다!
어마어마한 수의 흰개미.

성체급의 전갈을
찾았습니다.
자외선등을
비추면 순간적으로
이렇게 빛이 나요.
신기하죠?

나 엄청
크지?
내 등
무늬 예쁘지?
다양한 거미가 많아요.
아주 매력적이지만, 특성이나
독의 유무를 모르고 만지면
위험할 가능성이 높으니
조심해야 해요.
둥!
내가 보여?
두둥!
공기가
좋다~.
꿈틀
꿈틀
밀리패드예요.
행복한
시간
되세요.
다양한 생물이 많네요!

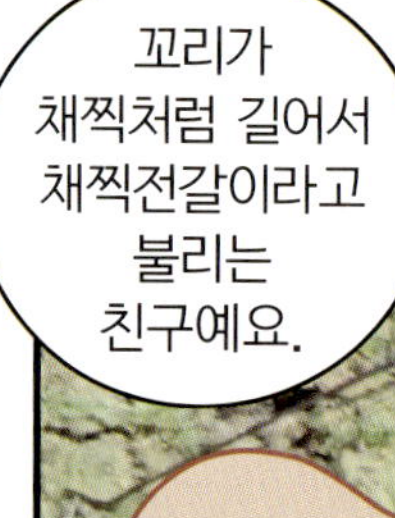

브린이를 위한 상식

채찍전갈은 채찍처럼 긴 꼬리를 가지고 있어요. 위험에 처했을 때 식초 냄새가 나는 액체를 내뿜어서 식초전갈이라고도 불리지요. 가장 앞의 두 다리는 더듬이와 같은 감각 기관으로 사용해요.

여러분,
이게 뭔지
아시나요?
매미 집
이건
매미 집이에요.
아래부터 차근차근
지어 올린다고
해요.
정말 신기하죠?
커다란 유리개구리
한 마리를
찾았습니다.
희귀한
개구리인데 여기서
또 보네요.
안녕?
밤 산책 중인 유리개구리.
암컷인 것
같아요.
아주 귀엽네요.
앙
증
잡아서,
덥석
플라스틱 통에
넣어 줄게요.
스윽
플라스틱 통

배 속이 아주
잘 보이죠?
짜
잔
이게 심장인데,
심장이 뛰고 있는 게
보입니다.
두근
두근
유리개구리를
이렇게 자세히
볼 수 있다니 운이
좋은 것 같아요.
눈꺼풀 부분이
파란색이에요.
귀
욤
만나서
반가웠어!
잘 지내~.
나도
반가웠어.
자연은 정말
위대한 것 같아요.
너무 즐거운
탐사였습니다.

정브르의 생물 탐구

같은 바다소목에 속한 매너티와 듀공은 많은 사람이 헷갈릴 정도로 생김새가 닮았어요. 하지만 쉽게 구분할 방법이 있지요.

잠수 중인 매너티

⋆정브르의 생물 탐구⋆

생물 이름: 매너티

매너티는 하루에 약 20kg이 넘는 엄청난 양의 먹이를 먹어요. 윗입술이 반으로 갈라져 있어서 먹이를 먹을 때는 갈라진 입술을 집게처럼 사용하지요.

- 크기: 약 2.5m~4.6m
- 먹이: 수초, 해조류 등
- 사는 곳: 얕은 해역, 속도가 느린 강

⋆매너티와 듀공의 차이⋆

매너티와 듀공은 생김새가 비슷하고 새끼를 안아 젖을 먹인다는 점 등 공통점이 많아요. 얼핏 보면 헷갈리기 쉬운 매너티와 듀공을 가장 쉽게 구별하는 방법은 바로 꼬리의 생김새지요. 매너티는 둥글고 뭉툭한 모양의 꼬리를 가졌지만 듀공은 고래처럼 갈라진 꼬리를 가지고 있어요.

매너티

듀공

또 다른 점으로 듀공은 바다에서만 서식하고, 매너티는 바다와 강을 오가며 서식한다는 점이 있지요.

뉴칼레도니아섬의 아쿠아리움에 가다!

이건 미모사라는 식물이에요.

슥

이렇게
건드리면

꿈틀

꿈틀꿈틀
해요.

꿈틀

아쿠아리움
입구예요.
두근
어떤 친구들이 있을까요?
입구 옆에
걸어 다니는 나무가
있어요. 열대 느낌이
잘 나는 것 같아요.
멋있다~.
아쿠아리움에
입장했어요.
너무 기대됩니다.
깨끗한 아쿠아리움 내부.
징거미새우가
있네요.
뉴칼레도니아섬에도
서식하는 것
같아요.
브르
왔어?
짜
잔
우아~.
수조 안이 진짜
자연 생태계처럼
되어 있는 게
신기해요.
징거미새우가
엄청 크네요.
나 좀
멋지지?

우리나라에도 있는 농게를 발견했어요!
암컷과 수컷은 몸통 색깔과 집게의 크기가 조금씩 달라요.
농게
이 친구가 암컷이고,
암컷
이 친구가 수컷이에요.
수컷의 집게가 좀 더 큽니다.
수컷
와, 이 친구의 집게는 눈에 띄게 크네요.
내 집게 멋지지?
아쿠아리움에 걸어 다니는 나무로 채워진 숲이 있네요. 웅장합니다.
다른 나무에 비해 뿌리가 독특하게 생겼어요.

여기에는
해마가
살고 있어요.

우리나라에도 사는
실고기 종류가 있네요.
머리가 해마랑
비슷하죠?

실고기

반가워!

빅벨리해마도
있네요.
정말 커요.

빅벨리해마

쿠울
쿠울~.

브린이를 위한 상식

해마는 겉모습이 말을 닮았다고 하여 '바다에서 사는 말', 해마라는 이름이 붙었어요. 암컷이 수컷의 배에 있는 육아낭에 알을 집어넣으면, 수컷이 수정란을 돌보고 영양분을 공급해 부화시키는 독특한 생태계를 가지고 있지요.

여기 수조에는
예쁜 물고기들이
살고 있어요.
내 수영 실력
어때?
색깔이
화려하고 멋있어서,
보는 것만으로도
힐링이 되는 것
같아요.
브르다!

브린이를 위한 상식
업사이드다운해파리는 다른 해파리들과 다르게 촉수를 하늘로 뻗은 채로 쉬는 특이한
성질을 가지고 있어요. 그래서 이름에 '거꾸로(upside down)'라는 단어가 붙었지요.
와,
업사이드다운
해파리입니다.
업사이드다운해파리

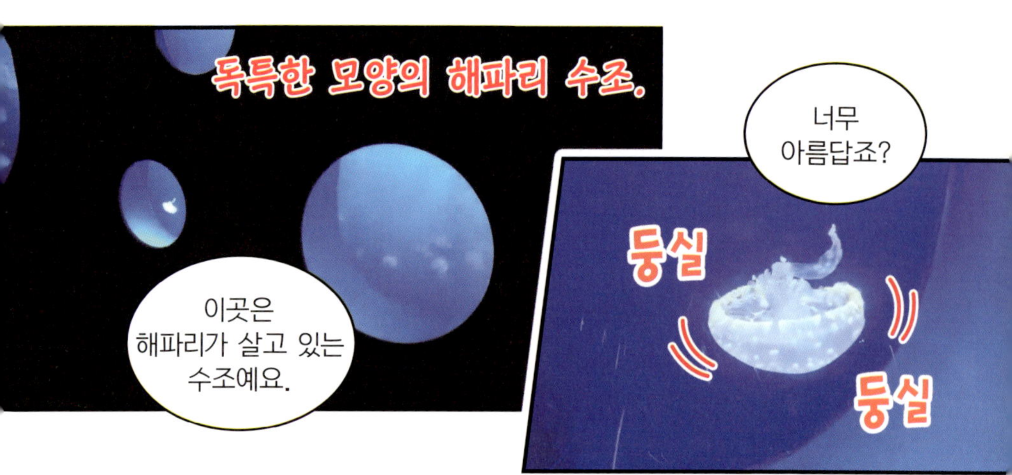
독특한 모양의 해파리 수조.
이곳은
해파리가 살고 있는
수조예요.
너무
아름답죠?
둥실
둥실

보름달물
해파리예요.
보름달물해파리
흐느적
흐느적
몸 쪽에
노란빛이 나는데,
그건 먹이를 먹어서
그래요.
엄청나게 큰
크레이피시다!
크레이피시
라이언피시
'라이언피시' 라고
불리는 쏠배감펭이에요.
등지느러미의 가시에
독이 있으니 조심해야
해요.
가든일
친구들도
있네요.
냠냠
빼꼼
반가워~.
가든일은 장어인데,
신기하게 모랫바닥에
파고들어 꼬리를
구멍에 넣고 몸과 머리만
빼고 있어요.

맨티스슈림프예요.
굴을 파서
들어가 있네요.
크기가
엄청나게
커요.
꼭꼭
숨어야지!
깊은 형태의 굴.

맨티스슈림프를
이렇게 가까이에서
보는 건
처음이에요.
맨티스슈림프는
사람보다 더 많은
색깔을 볼 수
있어요.
눈

이 친구도
굴을 파서
들어가 있어요.
이렇게 굴속을
볼 수 있다니
정말 멋지네요.
Bac
Tank
32
Lagons
Lagoons
Homard rouge
Red lobster
레드
랍스터도 있대요.
정말 다양한 생물이
가득하네요~.

브린이를 위한 상식

고생대 캄브리아기 전기 때부터 지구에 서식했던 앵무조개는 '살아 있는 화석'이라고도 불려요. 새우, 게 등을 잡아먹는 육식성 생물이며, 주로 열대 지역의 산호초 지대에서 서식해요.

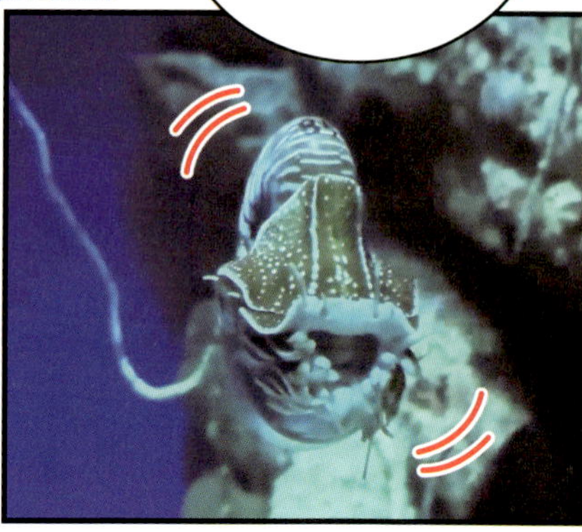

둥실

깨우지 마~!

와, 바티노무스 기간테우스가 있네요. 이 친구도 심해종이에요.

고래, 물고기, 오징어 등의 사체를 먹어서 바다를 청소해 주는 청소부 역할을 합니다.

바티노무스 기간테우스

Murène de profondeur
Y-patterned moray
Crabe champagne de profondeur
Champagne crab
신비한 생물들이
아쿠아리움에 모두
모여 있네요.
게
곰치
환영해~.
거북이다!
거북들이
자유롭게
헤엄치고
있어요~.
같이
놀자.
평소에 볼 수
없었던 친구들을
만날 수 있어서 너무
즐거웠습니다!

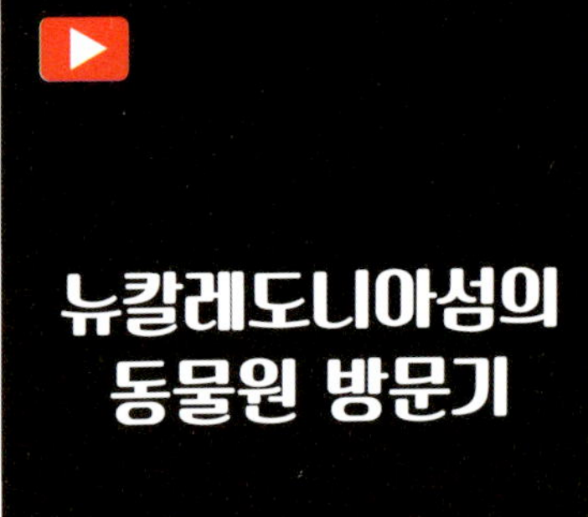
뉴칼레도니아섬의
동물원 방문기

동물원으로 이동 중에 잠깐 들른 뉴칼레도니아섬에 있는 항구예요.

내가 먼저 갈 거야!
숭어 종류의 작은 물고기가 굉장히 많아요.
꼬물
꼬물

섬 곳곳에 앵무새가 있어요.
쉽게 볼 수 있는 앵무새.

앵무새가 나무에 붙어 있는 열매를 뜯어 먹고 있어요.
냠냠
음~ 맛있다!
이게 앵무새가 먹는 열매인 것 같아요. 바닥에 많이 떨어져 있네요.

바다에 들르려고 했는데, 여기서 최근에 상어가 사람을 공격하는 사고가 있었대요.

그래서 바다 근처에 접근이 제한 되었어요.

BAIGNADE INTERDITE

NO SWIMMING

DANGER REQUIN

CAUTION SHARKS

안타깝게 벌어진 사고.

이제 동물원으로 가 볼게요!

브린이를 위한 상식

리치도마뱀붙이(리키에너스)는 붙이류 도마뱀 중에서도 거대한 몸집을 가지고 있어요. 곤충뿐만 아니라 과일, 수액 등 다양한 종류의 먹이를 먹으면서 살아가요.

브린이를 위한 상식

가고일게코라고도 불리는 가고일도마뱀붙이는 뉴칼레도니아섬에 서식하는 도마뱀붙이로, 평균 크기는 20cm 정도예요. 보통 온순하고 움직임이 느린 편이며, 비교적 온도가 낮은 곳에 서식하는 도마뱀이지요.

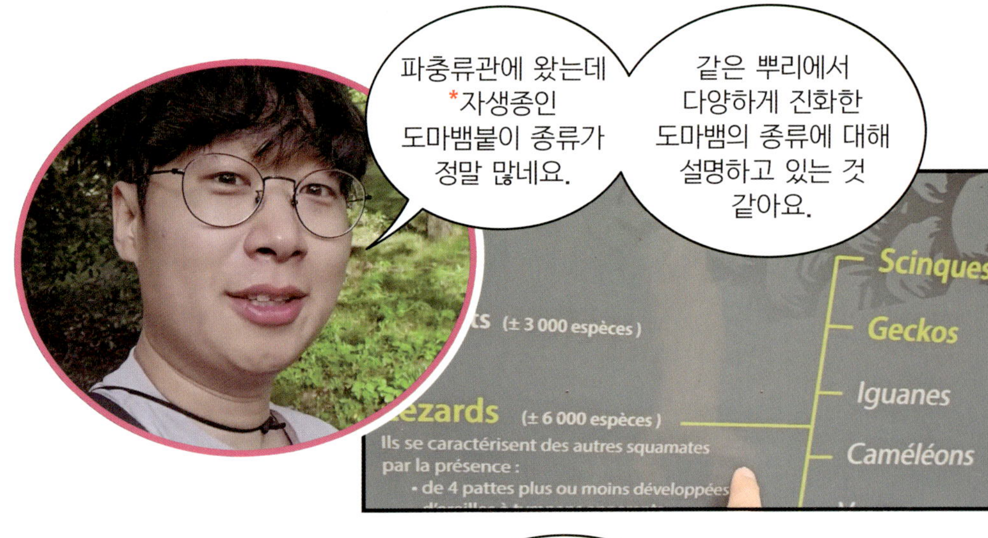

Nannoscincus gracilis
다양한 종류의
생물이 서식하고
있는 것 같아요.
Bavayia robusta
생생한 사진 자료!

*자생종: 어떤 지역에 오래전부터 자연적으로 퍼져서 살고 있는 고유한 종.

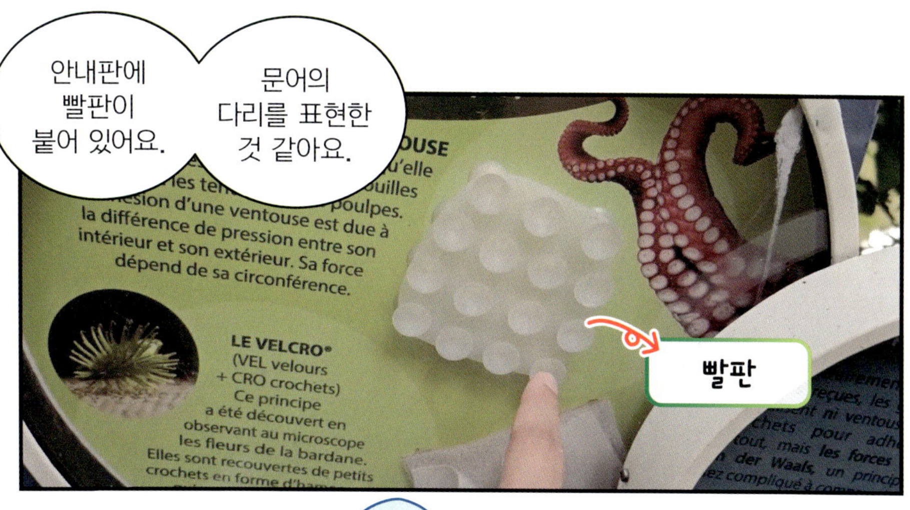
안내판에 빨판이 붙어 있어요.
문어의 다리를 표현한 것 같아요.
la différence de pression entre son
intérieur et son extérieur. Sa force
dépend de sa circonférence.
LE VELCRO®
(VEL velours
+ CRO crochets)
Ce principe
a été découvert en
observant au microscope
les fleurs de la bardane.
Elles sont recouvertes de petits
빨판

도망 가자~!
후다닥
귀여운 친구들이 무리를 지어서 다니네요~.

물속에 가득 자란 수생 식물.

와, 저기 있는 소나무가 뉴칼레도니아섬에서만 서식하는 나무래요.
아름다운 자연이 있는 뉴칼레도니아섬.

분홍색
코카투가
털을 고르고
있네요.
코카투
왕관앵무도
살고 있어요.
반가워~!
쏴아아
뉴칼레도니아섬의
하늘과 물 그리고 공기는
아주 맑아서 생물이
살아가기 적합한
환경이에요.
덕분에 멋진 풍경과
다양한 친구들을
만날 수 있는 즐거운
시간이었습니다!
맛있다!
냠냠
잘 가!

정브르의 생물 탐구

두족류란 연체동물 중에서 가장 진화한 형태로, 척추가 없는 무척추동물이에요. 문어, 오징어, 낙지와 같은 생물이 속해 있어요.

★정브르의 생물 탐구★

생물 이름: 앵무조개

검게 물든 껍질의 끝부분이 앵무새의 부리와 닮아서 앵무조개라고 불려요. 수명은 약 20년으로, 두족류 중에 긴 편에 속해요.

- 크기: 약 20cm
- 먹이: 작은 어류, 갑각류
- 사는 곳: 산호초 지대의 경사진 해저

★고생대를 거친 두족류의 생물★

암모나이트는 두족류에 속하는 생물로, 고생대 때부터 지구에 서식한 것으로 추정돼요. 하지만 앵무조개와 달리 중생대의 백악기 말에 공룡과 함께 멸종했지요.

암모나이트와 앵무조개는 비슷한 생김새에 모두 두족류에 속하지만, 암모나이트는 앵무조개아강의 앵무조개보다는 초형아강의 오징어, 문어에 더 가까운 생물이라고 해요.

브르의 열대 동물 탐구 노트-②

별별 열대 동물 상식

토코투칸은 몸길이의 3분의 1이나 되는 크고 긴 부리를 가지고 있어요. 거대한 부리로 체온을 조절하거나 포식자를 위협해 자신을 지키는 데 사용해요.

생물 이름: 토코투칸

생물 이름: 카피바라

설치류 중에서 거대한 몸집을 가진 카피바라는 100cm가 넘게 자랄 수 있어요. 주로 곡물이나 수생 식물을 먹고, 잠수와 수영을 잘해서 천적이 나타나면 물속으로 도망쳐요.

주로 나무 위에서 생활하는 나무늘보는 갈고리 모양의 튼튼한 발톱을 이용해서 나무에 매달릴 수 있어요. 나무늘보의 수명은 약 10~30년으로 긴 편에 속하지만, 열대 우림의 파괴로 수명이 줄 수 있어요.

생물 이름: 나무늘보

생물 이름: 재규어

재규어는 고양잇과에 속하는 동물로, 표범과 생김새가 비슷하지만, 얼룩무늬는 더 크고 다리와 꼬리는 짧아요. 어류, 파충류 등 가리지 않고 전부 사냥하며, 나무 타기와 수영도 잘하는 최상위 포식자예요

개미핥기는 이름처럼 주로 개미와 흰개미를 먹는 동물이에요. 입이 작고 이빨이 없는 대신 길고 끈적끈적한 혀로 개미를 혀에 붙여 사냥하지요.

생물 이름: 개미핥기

생물 이름: 오실롯

고양잇과의 오실롯은 수컷이 암컷보다 약 3배 정도 커요. 몸길이는 55~102cm 정도이고 꼬리 길이는 약 27~45cm이지요. 야행성이고 설치류, 토끼, 물고기 등을 먹어요.

두근

오늘은 새로운 탐사 지역에 왔습니다.

어떤 친구들을 만나게 될까요?

두근

정글에는 나무 속에 숨어 사는 친구가 많아요.

나무껍질을 벗겨 볼게요.

슥

도마뱀붙이가 숨어 있었어요!

아, 안녕…?

오늘 처음 소개할 친구는~?

아주 사랑스러운
도마뱀붙이를
발견했어요!
뉴칼레도니아섬에
서식하는
고유 도마뱀붙이
같아요.
브르를
만나다니~!

무늬가
참 예쁜
친구네요.
귀 욤
나무의
겉껍질에서
몸을 숨기면서
서식한 것 같아요.
자연과 더불어 살아가는 도마뱀붙이.

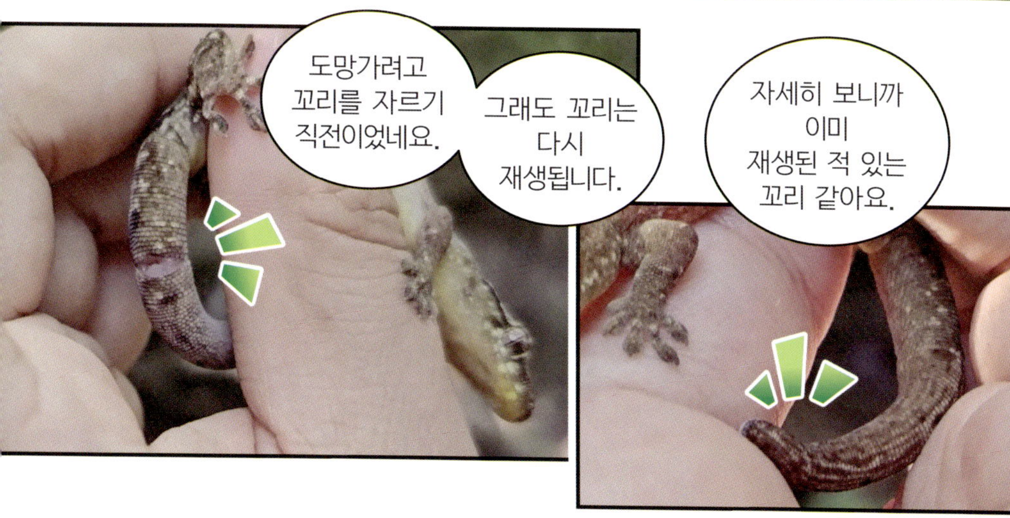
도망가려고
꼬리를 자르기
직전이었네요.
그래도 꼬리는
다시
재생됩니다.
자세히 보니까
이미
재생된 적 있는
꼬리 같아요.

생식기 쪽을 보니까 암컷인 것 같아요.

크기는 좀 큰 편이에요. 8~10cm로 추정해 봅니다.

이 친구를 만나다니 정말 뜻깊은 날입니다.

나무 색깔과 정말 비슷하네요.

어! 특이한 달팽이가 있네요.

리프테일게코 같은 친구들은 야생에서 주로 달팽이를 먹는대요.

줄무늬를 가진 달팽이!

이번에는
야간 탐사를
하려고 해요.

여기는 낮은
넝쿨이 곳곳에 있네요.
작은 나방도 많이
날아다녀요.

야간 탐사 시작~!

*산란관: 곤충이 알을 낳는 기관.

우리나라
여치베짱이와 이빨이
비슷합니다.
진짜
웬만한 포식자는
잡아먹지도 못할 것
같아요.
아마존은
덥고 습한데 여기는
적절한 온도와 습도가
유지되네요.
세팅된 사육장과
비교도 안 될 만큼
곤충에게는 최고의
환경입니다.
초대형
달팽이도
만나고,
산길
조심해!
특이하게 생긴
하늘소 친구도
만났어요.
나랑
놀자~.

야간 탐사를 무사히 마치고 오늘은 뉴칼레도니아섬의 바다에 왔어요!
맑고 투명한 바다.
돌고래가 헤엄치고 있어요.
첨벙
첨벙
같이 수영할래?
아름다운 바다를 수영하는 돌고래.
어! 저게 뭘까?
브르 안녕~.
빼꼼
거북이에요!
좌악
바다거북이 얼굴을 내밀고 천천히 헤엄을 치네요.
수영하기 딱 좋은 날이야~.

어라,
저 친구는!
거대한 뒷모습의 정체는?
대왕쥐가오리로도
불리는 만타가오리는
가오리 중에서 가장
큰 종이에요.
둥
만타가오리
둥
바닷물이
투명해서
만타가오리 형태가
보이네요.
신기
와, 만타가오리를 보게 되다니!
바다 탐사를
마치고 육지로
왔어요.
멋있는
뉴칼레도니아섬의 해변.
와, 처음 보는
대왕조개예요.
정말 거대한 친구라
조개껍데기도 단단할
것 같아요.
혹시 진주는 없나…?

브린이를 위한 상식

바다뱀은 바다에 사는 코브라과 독사 종류의 생물을 뜻해요. 대부분 강력한 맹독을 가지고 있으며, 주로 바닷속이나 바닷가 주변에 사는 동물을 잡아먹어요.

특별한 친구를 만났으면 좋겠다~.

서식처가 잘 알려지지 않은 도마뱀도 많이 있지만,

크레스티드게코는 주로 계곡이나 해변가 근처에서 서식한대요.

굉장히 고운 흙이에요.

냄새를 맡아 보니 *부엽토네요.

야자집게가 있어요!

깜짝이야!

*부엽토: 풀 또는 낙엽 따위가 썩어서 된 흙.

코코넛 주려고?

야자집게

두 둥

제가 야자집게를 잡아 볼게요.

스윽

짜잔

이 친구는 푸른 색깔인데 오키나와섬에 있는 야자집게랑 색깔이 비슷해요.

버둥 버둥

이거 놔!

눈은 빨간색입니다.

브린이를 위한 상식

코코넛크랩이라는 이름으로 널리 알려진 야자집게는 야자나무 위로 올라가는 습성 때문에 이런 이름이 붙었어요. 야자집게는 집게이지만 다른 집게류와는 달리 성체는 조개껍데기에 들어가지 않고 땅을 파서 생긴 굴이나 바위의 구멍을 둥지로 삼지요.

무게도
상당한
친구예요.
묵 직
힘이
엄청 셉니다.
이제 그만
놔줘!
버둥
버둥

나무에 한번
놓아 볼게요.
영차 영차
와, 언뜻 보면
거미 같기도
합니다.
난 거미가
아니야!

야자집게의 악력은
어마어마해서 함부로
만지면 다칠 수도
있어요.
콰 악
자연에서
야자집게를
보는 게 굉장히
힘든데,
운 좋게
만났어요!
이제
보내 줘!

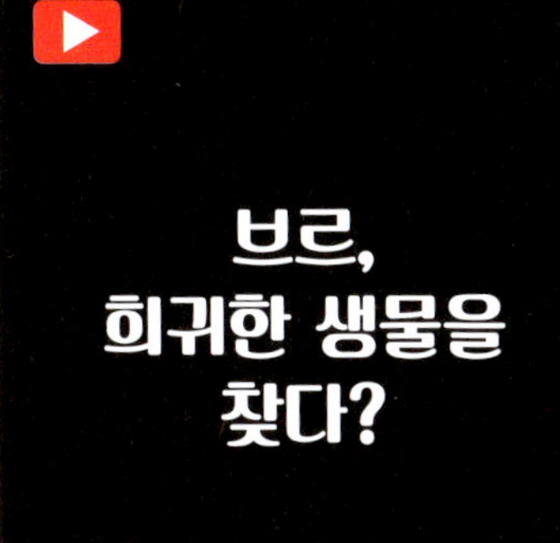

브린이를 위한 상식

해삼은 먹이와 서식처에 따라 색깔이 다르고 몸의 일부가 잘려도 재생이 되는 신비한 생물이에요. 일부 해삼은 위협을 느끼면 항문으로 내장을 뿜어서 자신을 보호하지요. 쏟아진 내장은 끈적이고 질겨서 천적을 제압하기에 좋아요.

와,
또 다른 바다뱀
친구예요.
혀가 아주
무시무시하네요.
바다뱀
뭘 봐?
아주 작은
육지 소라게도
있어요.
소라게
멋있는
전갈도 있네요.
전갈
브르다!
거대한
나무예요!
나뭇가지가
눕혀 있어서
도마뱀붙이가
쉬기에 적합한
장소 같아요.
나무에 있는 구멍은
딱따구리가 나무 속에
있는 작은 곤충을
잡아먹으려고
판 구멍이에요.
선명하게 파인 구멍.

이 친구는
갯바위에 붙어서
살아요. 발끝이 엄청
날카로워서 맨손으로
잡기는 어려워요.
바위틈에 있는 게 발견!
여기도
물이 정말 깨끗하네요.
뉴칼레도니아섬은
자연 보존이 잘 되어
있는 것 같아요.
출렁
출렁
이런
나무껍질
속에도….
스윽
어,
뭐야?!
파바밧
아쉽
속도가
너무 빨라서
못 잡았어요.
찍힌 모습을 보니
하얀색과 검은색의
무늬가 있어요. 과연
어떤 친구였을까요?
카메라에 순간 포착된 모습.

*아성체: 성체가 되기 직전까지 성장한 새끼.

정브르의 생물 탐구

도마뱀은 파충류 중에서도 종류가 다양한 생물로, 주로 게코라고 불리는 도마뱀붙이와 땅을 파는 습성이 강한 스킨크 등이 속해 있어요.

영상으로 확인해 봐요!

★정브르의 생물 탐구★

생물 이름 : 사타닉리프테일 게코

마다가스카르섬에 서식하는 도마뱀붙이로, '리프(leaf)'라는 이름처럼 나뭇잎과 닮은 꼬리를 가지고 있어요. 몸의 색깔이 낙엽과 비슷해서 자연에서 발견하기 쉽지 않아요.

★정브르의 생물 탐구★

생물 이름 : 푸른혀도마뱀

푸른혀도마뱀은 '블루텅스킨크'라고도 불려요. '텅(tongue)'은 혀라는 뜻으로, 파란색 혀를 가진 도마뱀이에요.

푸른혀도마뱀은 과일과 작은 설치류 등을 먹는 잡식성으로 혀로 먹이를 찾아요.

영상으로 확인해 봐요!

6화 브르, 베트남 정글로 떠나다!

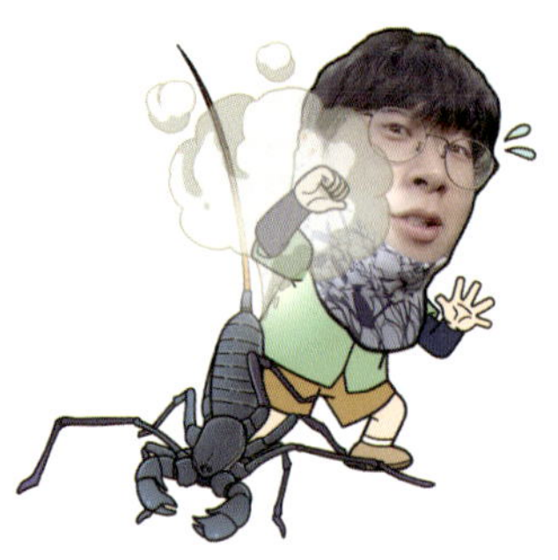

브린이를 위한 상식

겉모습이 지렁이와 닮은 블라인드 스네이크는 뱀 중에서도 몸길이가 작은 뱀에 속해요. 머리 비늘 아래에 있는 아주 작은 눈은 퇴화했어요. 눈이 보이지 않아 '눈먼 뱀'이라는 뜻의 블라인드스네이크라고 불려요.

채찍전갈이다!
베트남에서
또 만나다니
신기하네요?
이 친구는
독은 없지만,
식초 향과 같은
액체를 내뿜는
친구죠.
강력한
앞다리 집게로
집어서 사냥을
합니다.
내 집게
멋지지?
플랫밀리패드예요.
한 마리 같지만
두 마리가
붙어 있네요.
사람을 물거나
해치지는 않아요.
방어
하자!
얘는
지렁이인가?
덥석
쭈욱
내가
나갈 줄
알고?!
안
빠지네요.

오,
메가볼이에요.
귀엽죠?
동글 동글
브린이를 위한 상식
메가볼이라고 불리는 공노래기는 공벌레처럼 몸을 공처럼 마는 습성을 가지고 있어요. 주로 숲이나 정글의 축축한 나뭇잎 사이에서 발견할 수 있지요.

와~. 이건 지네 새끼들이에요. 엄청 많네요!
자연을 보존하는 것이 중요하니까 만지지 않을게요.
바글 바글

이 나무 안에 전갈이 있다는데 좀처럼 보이질 않네요.
꽁꽁 숨어 버린 전갈.

이 친구는 현재 자주색이지만 점점 검게 변합니다.
즐거운 탐사되세요~.

흡혈 거머리가 신발에 붙어 있네요.
착

브린이를 위한 상식

거머리는 바다, 민물, 육상 등에서 서식해요. 대부분의 거머리는 다른 동물에게 달라붙어 피를 빨아 먹으면서 살아가요. 그 외의 거머리는 지렁이, 달팽이 같은 작은 무척추동물을 잡아먹고 살아가지요.

오,
도마뱀 친구를
발견했어요.
앙
증
안녕~.
꼬리가 한 번
잘렸다가 재생이 된
흔적이 있어요.
이끼사마귀예요!
와, 날
발견하다니!
감쪽같이 숨은 이끼사마귀.
꽁꽁 숨으면
절대
못 찾겠죠?
대단한데?
또 다른
도마뱀을
찾았어요.
카멜레온
리자드랑 비슷하게
생겼네요.
암컷인 거 같아요.
폴짝
잘 지내렴~.
귀
욤
브르도
잘 지내~.

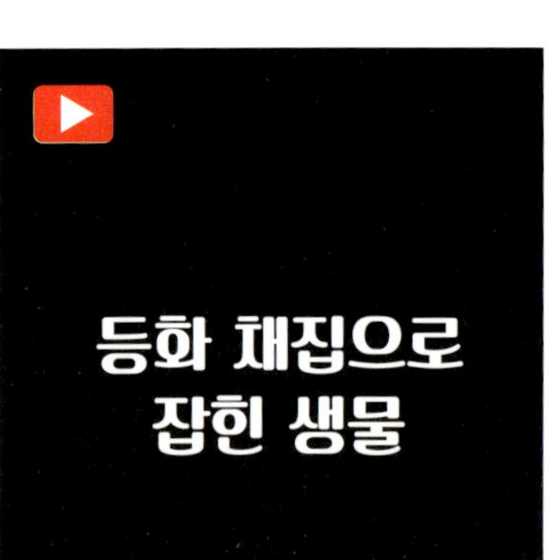
등화 채집으로
잡힌 생물

오늘은 베트남에서 집중적으로 등화 채집을 할 거예요!

오늘 목표는 뿔이 다섯 개 달린 장수풍뎅이입니다.
그중에서도 신종 오각뿔 장수풍뎅이를 만나려고 해요.
기대되는 베트남 등화 채집!

등화 채집 준비 중~.
등화 채집은 하얀 천과 수은등만 있으면 됩니다.
수은등

하얀 천을
설치하고,
수은등에 불을 켜면
그 빛을 보고 곤충이
날아와요.
다양한
친구들이
놀러 왔으면
좋겠습니다!
밝게 빛나는 수은등.

뱀도
있네요!
재밌게
채집해~.
해가
저물고 있어요!
뉘엿
뉘엿

반짝
반짝
기대
등화 채집이 시작되었습니다!
벌써
채집 목표였던
오각뿔장수풍뎅이
암컷이
놀러 왔어요!
오각뿔장수풍뎅이

이렇게 바로
보게 될 줄이야!
정말 멋지죠?
역시 밤이 되니까
보기 힘든 곤충도
몰려오네요.
이게 바로
등화 채집의
묘미입니다.

등딱지도
참 예쁜
친구입니다.
내 짝은
어디 있지?

다양한 곤충과
나방도
놀러 왔어요.
오늘은
여기서
자야지~.
반가워!

쿠울쿠울.

좋은 밤이야~.

와, 소형 오각뿔 장수풍뎅이 수컷이다!

내려갈래~.

늠름

브린이를 위한 상식

오각뿔장수풍뎅이는 총 다섯 개의 뿔을 가지고 있는 장수풍뎅이에요. 다른 장수풍뎅이에 비해 온순한 편이지요. 성충은 주로 썩은 과일과 수액 등을 먹고, 유충은 썩은 나무나 부엽토를 먹어요.

베트남
커피나무예요.

정말 맵다고
알려진 베트남
고추도 있네요.

여왕개미도
많이 날아왔어요.

붕~

여기가
그렇게
유명하다며?

척!

길쭉

우아 꼬리가 엄청 길어요.

반가웠어~.

풍뎅이도 있는데, 색이 흰색이네요?

들켰다!

흰색 풍뎅이, 너무 예쁘죠?

나도 알아~.

기데온
장수풍뎅이가
왔어요!
태국, 필리핀,
베트남 등
동남아시아 지역에
널리 분포해 있는
친구예요.
내가 빠지면
안 되지!

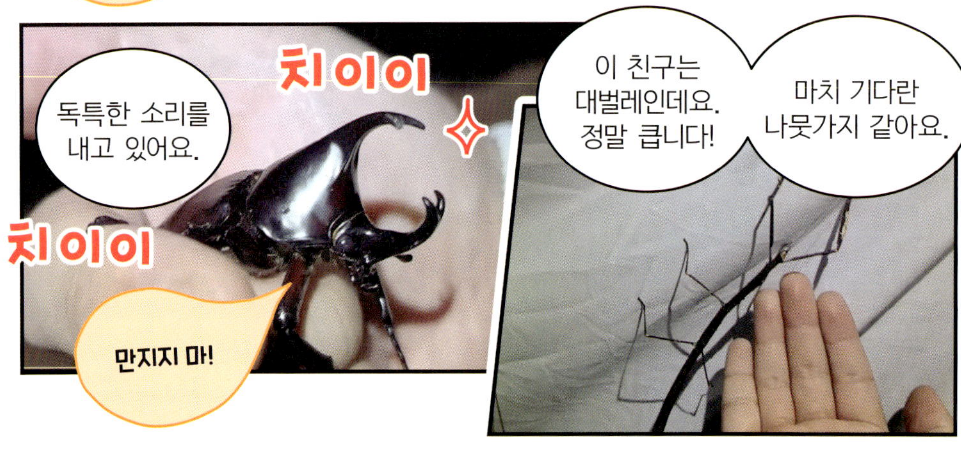
치이이
독특한 소리를
내고 있어요.
치이이
만지지 마!
이 친구는
대벌레인데요.
정말 큽니다!
마치 기다란
나뭇가지 같아요.

두둥
엄청나게 큰
나방도 있습니다.
장수풍뎅이 말고도
신기하고 다양한
생물이 많아서
재미있습니다!

남방
장수풍뎅이가 왔네요.
열대성 기후에 사는
친구예요.
내 뿔
어때?
뿔이 정말
멋지죠?
시바멋쟁이사슴벌레
수컷입니다.
이름이 독특하죠?
반가워~.
늠
름
친구들이
많네.
좀
귀엽지?
가위사슴벌레로
추정되는 소형
사슴벌레 수컷이
놀러 왔어요.
귀
욤
엄청 작네요.

박각시라는 친구예요. 벌새처럼 꽃에 있는 꿀을 먹어요.
그래서 벌새로 많이 오해를 받아요.
브린이를 위한 상식
박각싯과의 나방을 말해요. 꽃의 꿀을 빨아 먹기 위해 주둥이가 길게 발달하였어요. 성장한 성충은 주로 꿀을 먹지만, 유충은 고구마나 꽃의 잎을 갉아 먹으면서 자라지요.
혀가 엄청 길어요.
쭈욱
꿀 줘!
이 친구는 우리나라 땅강아지랑 비슷하게 생겼네요.
안녕!
정말 다양한 친구들을 만날 수 있었던 귀한 시간이었어요.

정브르의 생물 탐구

흡혈이란 피를 빨아들인다는 뜻으로, 흡혈 동물은 다른 동물의 피를 빨아 먹으면서 영양분을 채우는 동물을 뜻해요.

★정브르의 생물 탐구★

생물 이름: 거머리

거머리는 주로 다른 동물에게 달라붙어 피를 빨아 먹는 기생 동물이에요. 몸무게의 10배가 넘는 피를 빨아 먹을 수 있지요. 일부 거머리는 지렁이나 달팽이처럼 작은 무척추동물을 잡아먹기도 해요.

- 먹이: 동물의 피
- 사는 곳: 전 세계의 육지, 바다 등

★흡혈 동물의 종류★

대표적인 흡혈 동물로는 우리에게 익숙한 모기가 있어요. 암컷 모기만 흡혈할 수 있으며, 흡혈을 통해 알을 낳고 번식하는 데 필요한 단백질을 공급받아요.

또 다른 흡혈 동물로는 주로 남미에 서식하는 흡혈박쥐가 있어요. 날카로운 이빨로 동물의 피부를 뚫고 흐르는 피를 핥는 방식으로 사냥해요. 흡혈박쥐는 식도가 가늘어 혈액 이외의 먹이는 섭취하기 힘들어요.

모기

흡혈박쥐

7화

베트남 계곡에 통발을 던지면?!

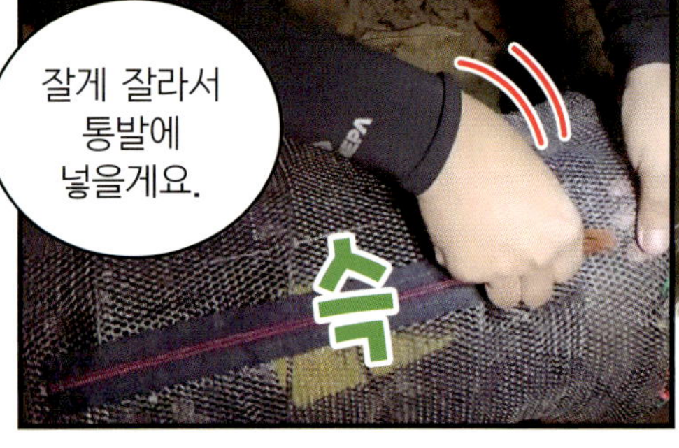

개울에서
작은 생물들이
헤엄치고
있어요.
찰방
찰방
귀뚤
귀뚤.
귀뚜라미도
물 마시러
왔네요~.
귀뚜라미
몸의 무늬가
화려한 도마뱀붙이를
발견했어요!
정말
귀엽죠?
이거 놔!
물에 떠다니던
바구미를
잡았어요!
민물 게네요.
브르
안녕!
개구리도
있어요.
팔짝
팔짝

푸르고 우거진 식물도 많이 있어서 상쾌한 기분이 드네요.

자연에서 보니 더욱 예쁜 식물.

물이 아주 깨끗하네요! 계속해서 주변을 탐색해 볼게요.

쿰
직
세계에서 가장 큰 농발거미로 추정됩니다.
크기가 엄청 커요.
좋은 시간 보내~.
브린이를 위한 상식
전체적으로 갈색을 띠는 농발거미는 거대한 몸집과 빠른 속도를 자랑해요. 주로 어두운 곳에서 서식하며, 여러 곤충을 잡아먹으며 살아요.

찰칵
예쁘게 찍어 줘~.
찰칵
1/100 11
102-1520
1352/1352
뱀이 있어서 촬영을 했는데 아주 매력적인 친구네요.

우아, 민물 게인데요. 정말 큽니다.
이거 놔!
버둥
버둥
힘이 엄청나게 셉니다.

설치해 두었던 통발을 확인할 시간입니다!
두근
와, 뭐가 많이 잡혔어요!
오, 이번에는 징거미새우를 많이 잡았어요.
팔딱
팔딱
쏙
물속에 넣어 볼게요.
신기하게 걸어 다니네요.
풀어 주는 거야?
방생해 줄게요. 잘 가~.
고마워~.
아싸!
너무 즐거운 베트남 계곡 탐사였습니다!

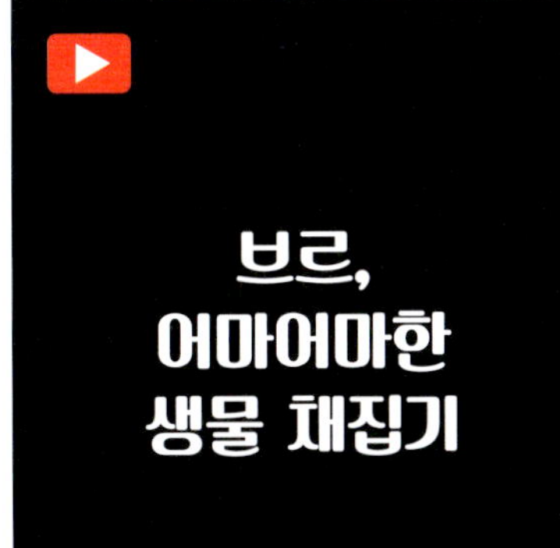
브르,
어마어마한
생물 채집기

오늘은
타란툴라를
잡아 볼 거예요!

어스타이거
골든어스타이거
제가 알고 있는
베트남에 서식하는
타란툴라는
두 종이에요.

그 외에도
어떤 타란툴라가
살고 있는지
야간 탐사를
가 보겠습니다!
출발~!

타란툴라가 진짜 깊은 정글 속에 살 것 같지만,

의외로 도로 옆에서도 많이 살아요.

물이 고이지 않는 절벽이나 기울어진 곳에서 타란툴라 굴을 발견할 수 있어요.

어디 숨어 있을까~?

와, 도마뱀인데 손가락과 발가락이 엄청 긴 친구예요.

신기하게 생겼네요.

또렷한 초록색 몸빛이 정말 예쁘죠?

똘망 똘망

브린이를 위한 상식

전갈 중에서 작은 편에 속하는 드워프우드스콜피온은 단성 생식을 하는 전갈이에요. 단성 생식이란 수컷 없이 암컷이 혼자 새끼를 만들 수 있는 것을 말해요. 전갈뿐 아니라 일부 어류, 파충류, 양서류 등도 단성 생식을 해요.

브린이를 위한 상식

나뭇잎과 닮은 생김새의 잎사귀벌레는 의태를 하는 곤충이에요. 의태란 동물이 자신을 보호하거나 사냥하기 위해 모양이나 색깔이 주위의 환경과 비슷해지는 것을 말하지요.

어리여치다!

어리여치 살려~.

어리여치 암컷이에요.

베트남 어리여치는 좀 특이하게 생겼네요.

기어코 잡다니!

귀뚜라미와 비슷하게 생겼지만 메뚜기목 어리여칫과예요.

농발거미 수컷이에요. 다리가 엄청 길죠?

내 롱다리 멋있지?

롱테일
글라스리자드라고 하는
도마뱀이에요.
긴 꼬리 때문에 뱀인 줄
알았어요.
속았지?
내 꼬리
정말
매력적이지?
길
쭉

오! 개미들이
어디론가 이동
하고 있어요.
놓치면
안 돼!
줄 맞춰!
졸졸졸
일자로 줄 맞춰서 가는 게 정말 신기하죠?

집을 지으려고
분주한 것
같아요.
다
왔어?
여기가
좋겠다!
멋진 집 지으렴!

타란툴라
굴을 발견했어요.
막대기로
유인해 볼게요.
콕콕
함부로 굴에
손을 넣으면 먹이로
인식되어 물릴
위험이 있어요.
누구야?!
불쑥
나왔다!
타란툴라를
잡았어요.
베트남블루
같아요.
우아, 여기
독니 좀 보세요.
맨손으로 잡으면
절대 안 돼요!
버둥
버둥
독니 맛 좀
볼래?
화가 잔뜩 난 타란툴라.

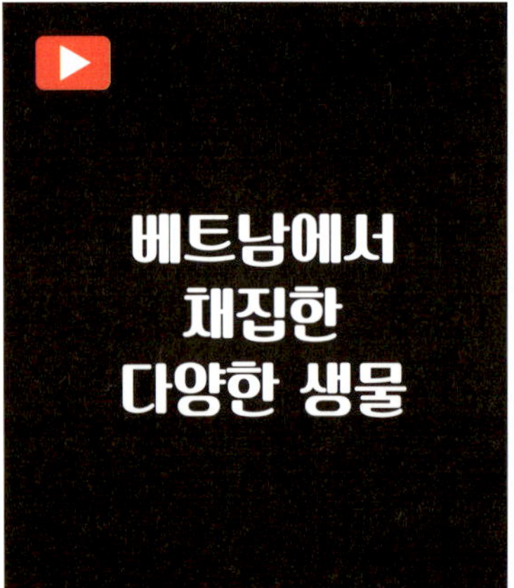

오각뿔 장수풍뎅이 알이 있어요. 크기가 꽤 크네요.

알

균사도 있네요.

유충의 규모를 키우기 위해 버섯균을 톱밥에 넣는 걸 균사라고 해요.

균사

내가 좀 멋져.

오각뿔 장수풍뎅이 수컷입니다.

뿔이 정말 깁니다.

브린이를 위한 상식

보통 쿠베라멋쟁이사슴벌레 수컷은 약 90mm까지, 암컷은 약 50mm까지 자라며, 수컷이 더 길고 커다란 턱을 가지고 있어요. 전체적으로 검은색을 띠며, 겉날개 바깥쪽에는 주황색 무늬가 있지요.

기라파톱사슴벌레라고 해요. 몸이 아주 기네요.

9cm가 좀 넘을 것 같아요.

정말 멋있네요.

브린이를 위한 상식

기라파톱사슴벌레의 '기라파'는 라틴어로 '기린'을 뜻해요. 이름처럼 길이가 긴 몸을 가지고 있어요. 또한, 커다란 턱이 있어서 단단한 오이를 자를 만큼 강력한 무는 힘을 가지고 있지요.

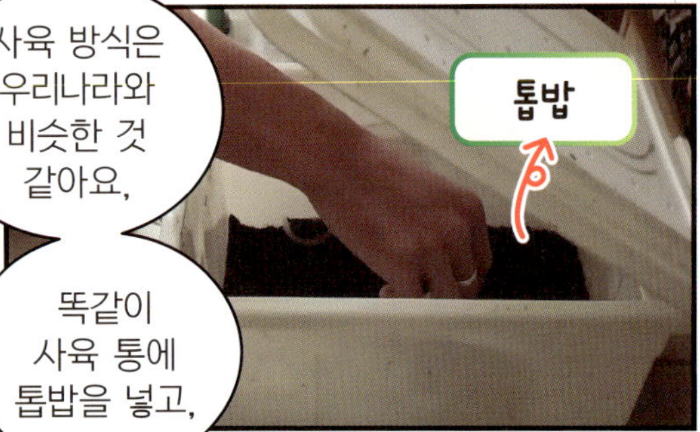

늠름

사육 방식은 우리나라와 비슷한 것 같아요,

톱밥

똑같이 사육 통에 톱밥을 넣고,

숨구멍도 뚫어 주네요.

*저지대: 지대가 낮은 곳.
*흉각: 절지동물의 가슴에 달린 다리.

이 사진은
제가 예전에
인도네시아에서 잡았던
케이론장수풍뎅이
인데,

나라에
따라서 뿔 모양이
조금씩 달라요.

브르가 잡은 케이론.

인기가 많은 종인데,
베트남에서는
케이론장수풍뎅이가
활발한 시기가
5~6월이라고 해요.

나 보러
또 와~.

시바멋쟁이사슴벌레
친구들이에요.

브르
안녕!

모여 있으니 더 멋있네요.

멋있는데….
자칫 보면
바퀴벌레
같아요.
두둥!

짜 잔
엄청난 크기의 사슴벌레들!

우리나라에도
따로 수식어 없는
사슴벌레가
서식해요.
오른쪽에 있는
사진이 바로 우리나라의
수식어가 없는
사슴벌레인데요.
베트남의 사슴벌레와
거의 흡사하게
생겼죠?

브린이를 위한 상식

물장군은 노린재목으로 노린재 중에서 몸길이가 큰 편에 속하는 곤충이에요. 서식지 파괴, 환경 변화로 개체의 수가 줄어 멸종 위기 야생 생물 2급으로 지정되었어요. 뾰족한 입으로 물고기, 올챙이, 개구리 등의 체액을 빨아 먹어요.

이 친구는 두점박이사슴벌레랑 색만 다르고 아주 비슷해요.

가위사슴벌레
종류도 있어요.
오! 크레나투스다.
굉장히 희귀한
친구입니다.
저도 잘
모르는 친구들이
많아요.
이
작은 친구는
정말 귀엽네요.
각양각색의 생물들이
존재하는 자연의 세계.
와, 대형
하늘소입니다.
정말 크네요.
배 색깔은
노란색이에요.
툭툭
배

여기에
오각뿔장수풍뎅이
알이 있어요.

자연에서는
대나무 숲에서
많이 발견됩니다.

무사히 태어나길~.

이곳에
오각뿔장수풍뎅이
애벌레가 있대요.

저기 있다!

짜잔

지금은 노란색인데,
*종령일 때 몸에
지방이 차면서 색깔이
변합니다.

아주 신기한
경험이네요.

*종령: 애벌레가 번데기가 되기 전 마지막 단계.

여기 등갑에 손톱을 넣으면 깎일 정도로 집히는 강도가 강해요.

봉지를 넣어 볼게요.

슥

딸깍

오, 봉지를 세게 집었어요!

와아 예쁜 실내 정원이 있네요.

이구아나다. 안녕~.

안녕~.

정브르의 생물 탐구

딱정벌레목의 장수풍뎅이는 수컷의 머리에만 긴 뿔이 있고 암컷은 뿔이 없어 암수의 구분이 어렵지 않아요.

영상으로 확인해 봐요!

★정브르의 생물 탐구★

생물 이름 : 헤라클레스장수풍뎅이

헤라클레스장수풍뎅이 수컷은 최대 약 17cm까지 성장하는 엄청난 크기의 장수풍뎅이에요. 중남미의 열대 우림에 넓게 분포하고 있으며, 유충은 주로 썩은 나무를, 성충은 수액과 썩은 과일을 먹어요.

★정브르의 생물 탐구★

생물 이름 : 케이론장수풍뎅이

헤라클레스장수풍뎅이와 함께 대형 장수풍뎅이에 속하는 케이론장수풍뎅이는 수컷이 최대 14cm까지 자라요. 인도네시아, 말레이시아 등의 동남아시아에 서식하고 있어요.

영상으로 확인해 봐요!

브르의 미로 찾기

미로를 탈출해 도착지로 가요.

도착

정답

24~25p

140~141p

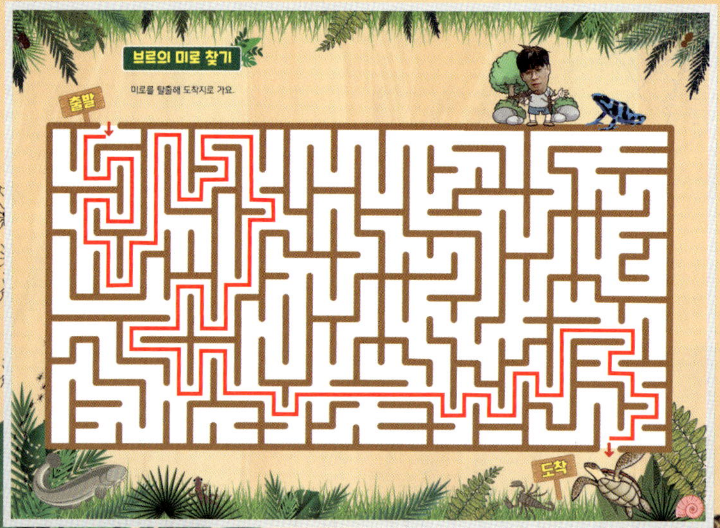

브르의 미로 찾기

미로를 탈출해 도착지로 가요.

출발

도착